DÉBUT D'UNE SÉRIE DE DOCUMENTS
EN COULEUR

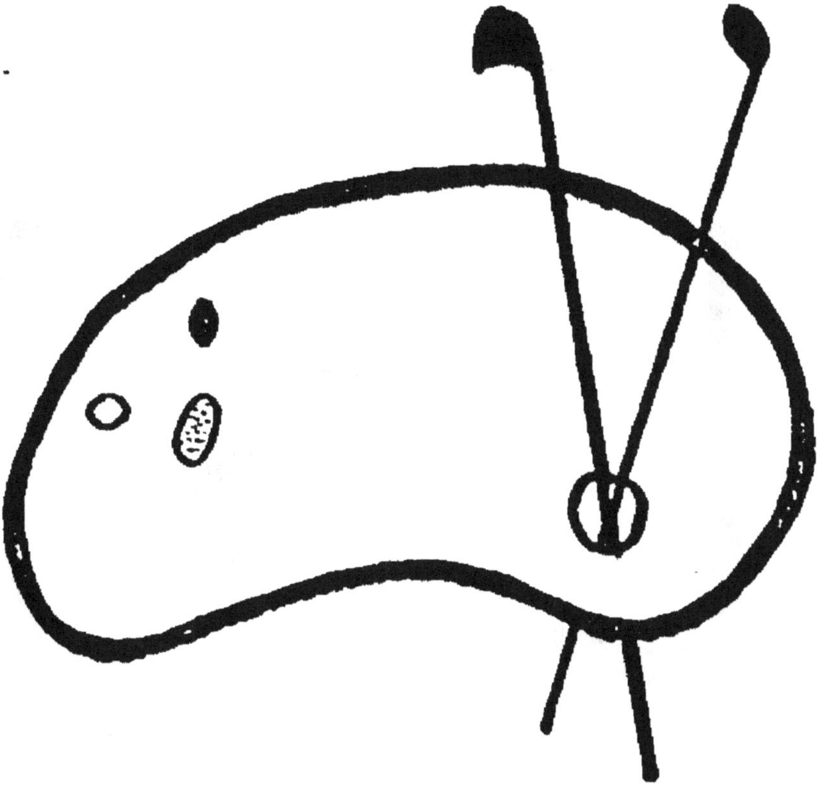

Couverture inférieure manquante

L'abbé A. du BOIS DE LA VILLERABEL
Docteur en théologie et en droit canonique
Chanoine honoraire
Secrétaire Général de l'Evêché de Saint-Brieuc

BRETAGNE

ET

JERSEY

SAINT-BRIEUC
Imprimerie R. PRUD'HOMME

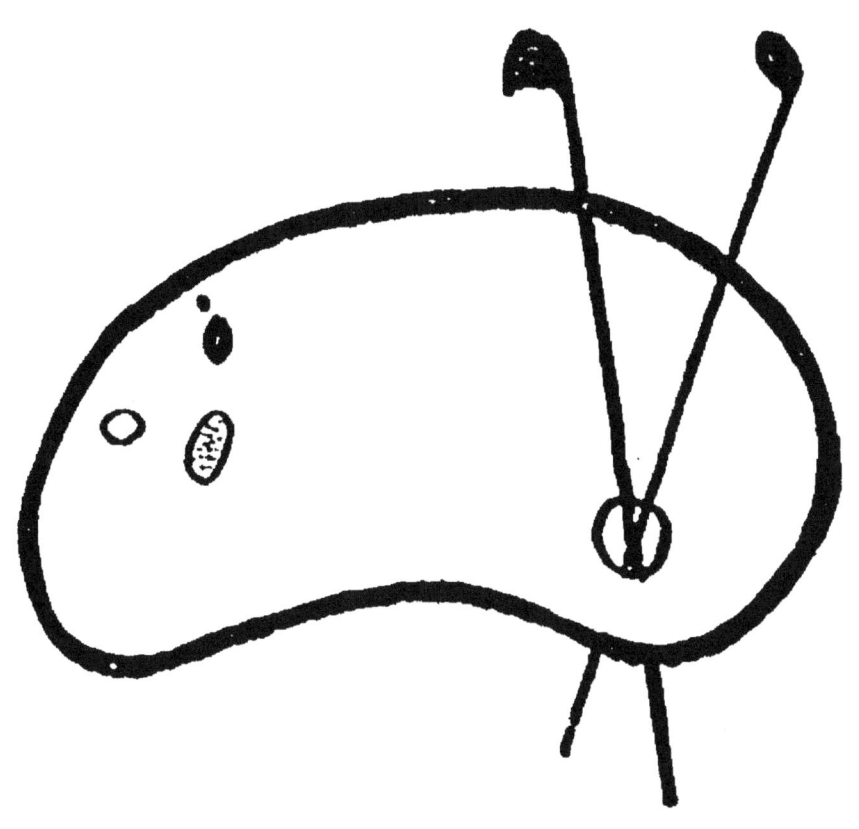

FIN D'UNE SERIE DE DOCUMENTS
EN COULEUR

L'abbé A. du BOIS de la VILLERABEL

Docteur en théologie et en droit canonique
Chanoine honoraire
Secrétaire Général de l'Evêché de Saint-Brieuc

BRETAGNE

ET

JERSEY

SAINT-BRIEUC
IMPRIMERIE R. PRUD'HOMME

Jersey est compris dans l'itinéraire de tous les touristes qui voyagent à travers l'ouest de la France, et qui, le guide à la main, font leur visite obligatoire au Château de Montorgueil, à la tour du Prince, au trou du Diable, aux grottes de Plémont et autres curiosités de l'île.

Les Romanciers y ont placé les scènes émouvantes de leurs récits, les voyageurs l'ont décrit, les poètes l'ont chanté.

Bercés sur les flots agités de ce golfe aux marées puissantes, qui sépare Granville ou Saint-Malo de Saint-Hélier, les voyageurs que la vague n'émeut pas, redisent ces vers des *Contemplations* de Victor Hugo :

> Jersey, sur l'onde docile,
> Se drape d'un beau ciel pur,
> Et prend des airs de Sicile,
> Dans un grand haillon d'azur.

Tant de sites charmants, tant de beautés naturelles encadrés par la mer étaient bien de nature à exciter l'enthousiasme du poète qui a passé là, non loin de la patrie, de longues années d'exil. Il s'est laissé séduire.

Tout semble dit sur cette île fortunée. Pourtant nous avons pensé qu'après tant de descriptions, de vers et de récits, un breton, un prêtre pouvait encore trouver quelques notes à consigner sur son carnet, au cours d'un rapide voyage à Jersey.

Il y a trouvé des compatriotes et s'est plu à rechercher l'influence qu'ils exercent ou qu'ils subissent sur cette terre protestante, Il a rapproché les faits économiques de l'état religieux de l'Ile et sachant qu'il y a un lien étroit entre la situation sociale d'un pays et son progrès ou sa décadence morale, il a essayé d'étudier le présent et de percer timidement les ombres de l'avenir.

Pourquoi nos bretons émigrent-ils dans cette Ile ? Quel contingent y apportent-ils aux progrès du Catholicisme ? Voilà deux questions connexes qui lui ont paru de quelque intérêt.

A première vue, il semble étrange de s'arrêter à tant de détails agricoles et commerciaux pour arriver à des conclusions religieuses et sociales.

Ceux qui ont suivi l'œuvre de Le Play et de ses disciples ne s'étonneront pas que les pommes de terre puissent donner lieu à tant de considérations d'un autre ordre, quand l'étude des hauts plateaux de l'Asie et de ses pâturages est le fondement de l'histoire de la diffusion de la race humaine sur le globe.

A ceux qui seraient tentés de sourire en ouvrant ces pages, nous demanderons de ne pas se décourager. Pour faire œuvre scientifique, il importe de ne négliger aucun détail : nous avons vu, dans ce mouvement qui porte nos compatriotes vers Jersey, une espérance pour la reprise de possession de cette Ile par le catholicisme. Dans les humbles travailleurs venus pour la récolte, dans les colons des plus modestes fermes, nous avons cru deviner les futurs paroissiens des églises qui surgiront de tous côtés dans l'île, sous l'impulsion des RR. PP. Oblats. Nous sommes-nous trompés ?

A JERSEY

Trois causes attirent les voyageurs à Jersey : ses sites variés, sa fertilité, les mœurs de ses habitants. Les côtes déchiquetées par les flots, leurs aspects différents suivant leur orientation, les vallons, qui à quelques pas de la mer font oublier son voisinage, les villages coquets charment le voyageur qui les visitent dans les immenses voitures du *Royal Paragon*.

La fertilité extrême de cette terre ne surprend pas moins le visiteur par l'aspect d'aisance qu'elle donne au pays. « L'heureux climat des îles est le résultat de leur situation dans un golfe où les plus hautes marées de l'Europe précipitent les eaux chaudes du Guf Stream deux fois par jour; les îles sont des terres au *bain marrri*, où les variations de l'atmosphère n'ont que peu d'influence sur la température (1) ».

Enfin les mœurs des habitants intéressent encore plus le touriste par les multiples sujets d'étude qu'elles lui offrent. Deux races se sont rencontrées sur cette île normande et anglaise, et si nous ne nous trompons, une troisième entrera bientôt en ligne pour exercer son action. De ce contact sont nées des coutumes traditionalistes très puissamment établies, mais étrangement mêlées à l'audace du progrès commercial et agricole. Des religions et des sectes se sont partagées les âmes et, dans cet étonnant mélange, la vérité a peine à rétablir l'union dans l'amour de la seule Église du Christ Jésus.

Il ne nous vient pas à la pensée de raconter notre voyage. Les guides Joanne, Conti et Baedeker le feraient mieux que nous. Cherchons donc à marcher en dehors des sentiers battus pour glaner, dans ce pays très connu, quelques observations utiles pour

(1) *Histoire des Iles de la Manche*. Plon, éditeur, Paris.

la Bretagne. Il y a, en effet, un lien très étroit entre notre province et cette île, depuis que la récolte des pommes de terre y attire un grand nombre de nos compatriotes.

A la suite d'un si rapide voyage, nous ne pourrons qu'ébaucher une étude sur la situation économique et religieuse de ces riches campagnes où nos bretons de Plœuc, de Plaintel, de Plouézec, etc., s'en vont en si grand nombre, les uns pour un mois, les autres pour toujours.

Pourquoi s'y rendent-ils? Qu'y deviennent-ils? Telles sont les questions auxquelles nous essaierons de répondre. Les pasteurs des paroisses qui fournissent le plus grand nombre d'émigrants compléteront d'eux-mêmes les renseignements que nous avons pu nous procurer.

.*.

Jetons pourtant tout d'abord un rapide regard sur la côte où ils abordent. Cette terre a tantôt l'aspect de la Normandie, tantôt celui de la Bretagne, suivant que nous la considérons à l'est et au midi, ou au nord et à l'ouest.

Ses origines furent normandes. Détachée vers le VIIIe siècle de la terre ferme, elle a gardé, au sein des flots et sous la domination anglaise, la langue française ou plutôt le patois bas-normand et même une partie de sa législation coutumière.

La ville de Saint-Hélier a seule adopté, en grande partie, la langue anglaise qui est celle du commerce et la plupart des gens à qui vous avez affaire parlent les deux langues qui se partagent ce territoire.

« La langue des campagnes, écrit M. Charles Raymond, est encore celle que parlait, au XIIe siècle, maître Wace, l'auteur du *Roman de Rou* (1), qui nous a appris lui-même qu'il est né à Jersey. En outre, les institutions politiques, judiciaires et municipales qui régissent l'île n'ont presque pas varié depuis le moyen-âge. La féodalité y règne en plein : il y a des suzerains et des

---

(1) Le premier poème écrit en langue d'oïl, langue qui, passant par Villehardouin, Froissard, Rabelais, Montaigne et Regnard, a atteint son apogée avec Pierre Corneille, un autre Normand comme Wace.

vassaux. Mais les pouvoirs des seigneurs sont de l'ordre purement judiciaire et administratif et le paysan est civilement l'égal de son seigneur. »

En parcourant les chemins ombreux de l'île, nous nous arrêtions devant les plus jolis parcs et quand nous demandions au cocher : « A qui appartient cette belle habitation ? » il nous répondait : C'est la maison du seigneur de la paroisse. »

Ce mot sonne singulièrement à nos oreilles françaises et ce spectacle est une leçon de choses, car le brave et riche propriétaire qui surveille les travaux de son jardinier taillant avec soin les fusins de son parterre ou les aubépines de ses haies n'a rien de l'aspect terrible de ces seigneurs pour lesquels les héros de la Révolution ont enfoncé les portes de la Bastille et massacré de braves soldats.

Cette féodalité du XIXe siècle n'a rien d'effrayant et il nous est encore permis de douter que celle du XVIIIe, dont le plus beau privilége était d'avoir un banc à l'église et un écusson dans la maîtresse vitre, fut assez dangereuse pour que la nécessité de couper beaucoup de têtes, au nom de l'égalité, se fît sentir.

« L'île est partagée en une multitude de vallons enfouis sous des touffes de chênes, de hêtres, de châtaigners et de noyers. Sur les plateaux, le regard embrasse une vaste plaine où se cultive l'orge, le blé, les pommes de terre, les betteraves et les turneps. Le lierre y est très commun, non seulement il recouvre les troncs des arbres qui bordent les routes, mais il forme des bancs de verdure qui cachent en entier des pans de rochers (1) ».

De nombreuses églises protestantes couvrent l'île. Quelques-unes datent du moyen-âge, d'autres sont récentes, mais du même style. Elles révèlent un souci de l'antiquité qui se manifeste jusque dans le soin avec lequel on fait monter le lierre sur les contreforts, mais en le taillant avec soin, pour donner un cachet de vénérabilité à des monuments nouveaux.

Le charme de Jersey n'est pas seulement dans la beauté de ses paysages et la grâce de ce vaste parc qu'est sa campagne, mais encore dans son caractère britannique. L'île n'est pas tout à fait l'Angleterre mais elle en est le vestibule, et les deux esprits

(1) Joanne. *Guide de Bretagne*, Jersey.

français et anglais s'y rencontrent et s'y mélangent. A peine avons-nous mis le pied sur le quai de Saint-Hélier que nous en éprouvons l'impression.

Les maisons, avec leurs enduits aux fraîches couleurs, leurs fenêtres à guillotine, les habits rouges des soldats marchant la tête haute et le stick à la main, la forme des omnibus eux-mêmes, qui vous emmènent à l'hôtel, vous annoncent que vous avez quitté la terre de France et ses aspects familiers.

Certaines rues neuves ont tout particulièrement ce caractère.

En les voyant, un de nos compagnons de voyage s'écrie : « Regardez bien, voici l'aspect d'une rue canadienne. »

En effet, chaque hôtel est précédé d'un parterre verdoyant et fermé par une grille. Un portique aux colonnes de marbre ou de granit abrite le visiteur qui vient sonner à la porte et des windows laissent entrevoir derrière leurs triples rideaux de dentelles des jardinières couvertes de fleurs ou de plantes vertes. Tout est propre, frais, gracieux. Nous sommes déjà au pays du confortable.

* *

Toutefois, il y a quelque chose qui nous intéresse plus vivement que ces détails matériels de la vie britannique : c'est l'état économique et religieux de l'île, leurs rapports, et l'avenir de l'Eglise catholique romaine dans ce pays arraché péniblement à la France et à la foi.

Nous avons eu le bonheur de rencontrer, sur ce sol hospitalier, des religieux français et, parmi eux, nous citerons un de nos compatriotes, le Père Le Vacon, prêtre distingué et véritable apôtre, dans les conversations duquel nous avons beaucoup plus appris que dans la contemplation curieuse des sites de Jersey.

Ancien curé de Saint-Matthieu, qu'il a administré pendant plusieurs années avec cette bonté, cette douceur et cette constance des efforts, qui ramène la pratique religieuse et même la ferveur parmi les catholiques menacés par le scepticisme protestant, il est maintenant chef de toutes les missions de l'île et curé de la belle église de Saint-Thomas, à Saint-Hélier, le plus monumental de tous les édifices religieux de l'île.

Son expérience nous a été précieuse pour mettre à profit le court séjour que nous avons fait à l'ombre de sa *cathédrale*, car c'est ainsi que les protestants appellent l'église catholique, à cause de son importance et de ses proportions.

Revêtus de la soutane, nous avons pu nous promener partout, sans soulever outre mesure la curiosité du peuple. Quelques enfants, gamins de la rue, imitent, en nous voyant, le cri intelligent du corbeau. C'est le seul indice de l'esprit de secte : En revanche, beaucoup de passants nous saluent avec respect. Il n'y a donc aucune difficulté à garder l'habit ecclésiastique, quand on voyage à Jersey. Le seul inconvénient est que la police ne vous défend pas contre les insolences de quelques gens mal élevés, si, par hasard, vous en rencontrez dans la rue. La loi ne protège le ministre catholique que sous l'habit du clergyman. Aussi les Oblats, les Jésuites, les Frères réservent, pour leur couvent, le port de l'habit ecclésiastique et prennent la soutanelle pour sortir dans la rue.

L'un deux, se plaignant un jour à la police de quelques insultes grossières, se vit poser cette question : Etiez-vous en soutane ou en clergyman ? — En clergyman. — Très bien, votre insulteur sera puni.

En effet, l'insulteur se voit condamné à quelques shellings d'amende pour cet excès de langage qui fut resté impuni, si l'insulté avait été revêtu de l'habit ecclésiastique.

Malgré tout, les prêtres français ont raison de garder leur costume dans les courts voyages qu'ils font dans l'île : Il est bon de familiariser les regards des protestants avec la soutane et de leur enlever peu à peu cette intolérance qui leur a fait chercher querelle aux gens, dans le passé, pour leur habit.

D'ailleurs, nous sommes habitués, en France, depuis quelques années, à trop d'intolérance, pour nous effrayer des *couacs* innocents de quelques écoliers *en rupture de banc*.

La nuit tombait, et profitant des dernières lueurs du jour, de pieux catholiques entraient dans l'église Saint-Thomas pour y faire le saint exercice de la visite au Saint-Sacrement. Tout à côté, les passants allaient et venaient, regardant parfois curieusement ces ecclésiastiques aux rabats français qui se promenaient entre la double rangée d'arbres qui formera dans quelques années une avenue parallèle à l'église. Un brave homme nous aborde ; c'était un breton de notre diocèse. Il avait longtemps habité la rue Notre-Dame, à Saint-Brieuc, et s'estimait heureux de causer du pays. Il est fixé à Jersey comme tant d'autres, et y a établi sa demeure définitive. Si nous abordions les gens qui passent, ils nous diraient peut-être qu'ils ont aussi une origine bretonne. Mais non, il faut aller dans la campagne pour trouver de nombreux compatriotes.

La plupart des bretons de l'île sont originaires des Côtes-du-Nord. Dans une seule église, le curé annonçait au prône une série de mariages d'émigrés nés à Plœuc et fixés à Jersey. Le pays de Paimpol et la paroisse de Plouézec en particulier fournissent un fort contingent. Ceux qui restent en ville, à Saint-Hélier, sont condamnés presque fatalement à végéter dans les plus humbles métiers, ils deviennent des victimes du gin, et par suite de la dégradation. Ceux qui au contraire vont à la campagne, deviennent ouvriers agricoles ou domestiques dans une ferme. Là, ils travaillent sous un maître orgueilleux et protestant. Traités comme des êtres inférieurs, ils peinent pendant des années et se marient généralement au cours de ces dures années.

S'ils savent économiser, le moment viendra où ils pourront devenir locataires d'une petite ferme. Ces modestes exploitations comportent une maison d'habitation, des dépendances et quelques vergées de terre, quatre ou cinq environ. La vergée est une mesure d'origine normande, elle comprend à peu près un demi journal, soit un quart d'hectare. L'hectare se loue sur le pied de 600 fr. l'un, dans les bonnes parties de l'île. Le bail est généralement de cinq à six ans. Au bout de ce temps, les bretons qui travaillent beaucoup et se nourrissent sobrement ont fait assez d'économies pour louer une moyenne ferme, c'est-à-dire une exploitation de huit à dix vergées. S'ils continuent à montrer les mêmes qualités de travail et d'économie, ils arrivent aux grandes fermes composées de 10 hectares ; ils deviennent des personnages considérés par les propriétaires et les habitants de l'île. Leur situation est faite.

Ainsi monte sans cesse la marée bretonne. Un jour viendra où les campagnes jersiaises seront entre les mains de nos compatriotes, à moins de crise ou d'arrêt dans cette progression continue,

Le phénomène qui se produit au Canada s'accomplit également à Jersey. Là-bas, dans cette province de Québec, où les campagnes sont habitées par les émigrants bretons-normands du xvii⁰ siècle, partout où s'établit une famille canadienne, l'économiste peut prédire que l'anglais disparaîtra. C'est une loi sociale qui tient aux qualités de notre race développées par le catholicisme.

A Jersey, là où paraît le breton, les anciens fermiers protestants d'origine anglo-normande s'éliminent peu à peu.

Comment expliquer ce phénomène ?

Lorsque vous parcourez les chemins aux talus bordés de chênes et de hêtres qui transpercent de part en part le territoire de l'île, vous apercevez à chaque pas des maisons qui ressemblent à de véritables villas. Des parterres de fleurs, des bosquets l'entourent ; souvent un portique couvre l'entrée. C'est la demeure du fermier. Est-elle d'une élégance toute particulière ? Vous pouvez affirmer avec confiance qu'elle est habitée par des protestants. Avec cet orgueil qui est la caractéristique des sectes, le besoin de paraître, de briller, de dominer amène à des dépenses que la récolte des pommes de terre pourra seule couvrir. Les finances s'obèrent, le budget se déséquilibre, bientôt la ferme sera laissée à d'autres mains moins prodigues, celles de l'émigré breton.

Telle est la brève histoire d'un grand nombre de ces demeures qui font votre admiration, lorsque doucement assis dans votre landau vous poussez à chaque détour une exclamation enthousiaste devant la beauté de ces campagnes.

La richesse de l'île est principalement dans la récolte des pommes de terre. On y cultive un grand nombre de variétés comme la Suttons abondance, la Myatth, le Prince de Galles et le Royal Fluckes. Celle-ci est surtout très commune à cause de ses propriétés hâtives.

Presque tous les champs de Jersey rigoureusement fumés et couverts de guano rapportent depuis le commencement de mai jusqu'à la fin de juin une telle abondance de tubercules que les fermiers et leurs domestiques ne peuvent suffire à leur arrachement. De là naît le besoin de faire appel aux bras étrangers, de là ces flots d'émigrants qui partent, dans la saison, des ports de Saint-Malo, Le Légué, Paimpol, de là l'établissement de quelques-uns d'entre eux comme domestiques, de là enfin les progrès des groupes catholiques dans l'île.

Pour comprendre l'état religieux de Jersey, quelques mots sur la pomme de terre sont donc indispensables : preuve nouvelle de l'influence des conditions économiques d'un pays sur sa situation morale. Pour que la pomme de terre rapporte aux cultivateurs de Jersey l'argent nécessaire à l'acquittement des gros prix de location de leurs fermes, il faut qu'elle soit précoce.

Afin d'y arriver, ils choisissent les tubercules les plus réguliers et ils les mettent dans de petites caisses à jour, en bois blanc, peu profondes. Les champs et les cours de ferme en étaient couverts à notre passage.

Chacune de ces caisses contient de 10 à 12 livres de pommes de terre et sont placées en tas dans un hangar en bois sec où l'air circule librement. Elles resteront là jusqu'en novembre où les germes ayant poussé un peu, on dresse les pommes de terre verdies par ce développement, en les préservant de la gelée qui devient leur grande ennemie, puisqu'elle tue le germe.

Au moment de les mettre en terre le germe est déjà sorti et la croissance de la tige est rapide.

Lorsque nos bretons catholiques font la récolte, ils sont traités avec beaucoup de hauteur par leurs maîtres protestants qui les plaisantent sur leur foi. Le vendredi ils ne reçoivent d'autre nourriture que de la viande, et, moitié par faiblesse, moitié par nécessité, l'acceptent, sans faire ordinairement aucune objection.

Quand donc viendra le jour qui approche où, comme nous l'avons expliqué, les fermes auront passé entre des mains catholiques ?

Disons ici toutefois que si le breton peut devenir locataire, il ne sera jamais propriétaire, car la loi anglaise ne permet pas à des étrangers de posséder le sol. Comme ils savent mieux se défendre que nous, candides français, nos pratiques voisins. Ce n'est pas en Angleterre qu'on verrait ce qui se passe dans le Bordelais où les vignobles les plus riches passent entre des mains anglaises, américaines et juives.

Les enfants nés à Jersey seront seuls considérés comme sujets anglais.

Voilà donc les pommes de terre récoltées par nos bretons,

amassées dans des barils de capacité spéciale. Elles ont bel aspect et bien qu'un peu laiteuses, bien qu'un peu empreintes d'un vague parfum de guano, qui chatouille plus ou moins agréablement les papilles des langues anglaises, elles sont embarquées dans des charrettes à rebords plats et larges.

On les dirige de tous les points de l'île sur les ports de la côte.

De nombreux vapeurs de toute taille réquisitionnés en Angleterre attendent sous pression dans le port de Saint-Hélier et les fermiers leur apportent au fur et à mesure de leur arrachement leurs beaux produits. Quelques heures après, ces vapeurs arrivent à Portsmouth, à Plymouth, à Southampton, à Londres et leur chargement est enlevé en quelques instants par les habitants qui l'achètent à prix d'or et le dévorent sans tarder avec le traditionnel rosbeaf des familles.

Un jour viendra où Tréguier, Paimpol, Saint-Brieuc même feront concurrence aux Jersiais pour la production de ces légumes précoces.

Il restera, aux habitants de l'île, la supériorité de leurs tomates, produites dans de grandes serres spéciales, de leurs raisins mûris dans d'autres serres d'une forme différente.

Avouons-le toutefois, il y a sur notre côte bretonne très peu de coins assez tempérés pour arriver à la même culture que Jersey ; ceux-là du moins doivent essayer d'arriver à cette fructueuse production.

Nos émigrés emportent souvent une faux. La récolte du foin est en effet presque simultanée à celle des pommes de terre. Tandis que nous nous promenions, et surtout le soir, quand une douce brise nous arrivait des campagnes, nous sentions l'enivrante odeur des foins et la conversation était plus agréable et plus facile sous les caresses du soir. Volontiers nous aurions redit les vers du poète Autran, le chantre de la *Vie rurale*, vers si bien appropriés aux impressions de ces soirées pleines de poésie :

> Dans le calme du soir, il fait bon de l'entendre !
> Il fait bon d'aspirer, dans un air frais et doux,
> Ces odeurs de gazons, ces parfums d'herbe tendre
> Qui, du talus des prés, s'élèvent jusqu'à nous.
>
> Le jour s'efface au loin ; ses lueurs étouffées
> Meurent sur les hauteurs, s'éteignent sur les eaux ;

Et chaque vent qui passe apporte par bouffées
L'enivrante senteur des herbes en monceaux.

Et ce qu'on ressent là, c'est un calme suprême,
C'est une volupté sans ardeur ni transport,
C'est le recueillement de la nature même.
Qui, sous l'aile de Dieu, confiante s'endort ! (1)

La récolte des pommes de terre n'est donc pas la seule richesse de l'île : elle est du moins la principale et explique parfaitement le mouvement d'émigration que nous voyons se produire dans notre pays. Elle montre également comment des populations catholiques économes et laborieuses remplacent sur ce sol les protestants qui l'occupaient.

Les Bretons ne se montrent pourtant pas plus parfaits là-bas que chez nous. Certains jours de fête ils ne craignent pas d'abuser du gin. Et pourtant ils ont du cidre sous la main : en nous promenant à travers les vergers de l'île, nous avons constaté que plus heureux que ceux de Bretagne, ils étaient cette année remplis de fruits.

Les plantations s'accroissent tous les ans, et nos pépinières de Saint-Brieuc fournissent un certain nombre de plants vigoureux, car il convient de dire qu'elles sont peut-être dans leur ensemble les plus belles de la région.

Les vaches jersiaises sont encore un des importants produits de l'île. Cette race très caractéristique, admirée partout par ses qualités laitières, quand elle se trouve dans des terres grasses, est conservée avec une scrupuleuse jalousie par les cultivateurs de Jersey. A l'entrée du port s'élève un abattoir. Tout animal de race bovine apporté vivant par un navire est immédiatement abattu.

La loi est même si sévère qu'une vache jersiaise amenée sur le quai pour être embarquée et refusée à la dernière heure ne peut plus revenir à ses pâturages. Elle est inexorablement condamnée à passer par l'abattoir.

Pourtant les pâturages de Jersey ne suffisent pas à nourrir assez d'animaux pour fournir à la consommation des Anglais de Saint-Hélier. C'est pourquoi nos bouchers de Saint-Brieuc, de

---

(1) Autran ; *La Vie rurale, II.* — 18. *L'odeur des foins* : Calmann Lévy.

Saint-Malo et d'ailleurs expédient dans de grands paniers, des quartiers énormes de viande fraîche pour être vendue au marché de l'île.

L'Anglais mange peu de pain et beaucoup de bœuf. Les pommes de terre bouillies en font l'accompagnement nécessaire, et comme les Jersiais ont expédié toutes leurs *potatoes* à Portsmouth, à Southampton, à London, ils sont obligés de venir chercher nos produits à Saint-Brieuc et à Saint-Malo, et ils y ont encore avantage, puisqu'ils les paient dans la saison à des prix très inférieurs à ceux qu'ils obtiennent pour les leurs en Angleterre. Dans une famille anglaise, la femme n'a pas dans son intérieur les mêmes soins minutieux que la femme française. Elle fait rôtir avec un vrai talent, avouons-le, ses immenses rosbeafs qu'elle sert froid pendant trois jours avec accompagnement de condiments poivrés. Nos petits plats lui sont à peu près inconnus : elle travaille dans le gros. Les pommes de terre jouent donc un grand rôle dans ses menus.

Tous ces petits détails servent à nous faire comprendre comment l'île est mise en relations avec nos côtes, à cause des nécessités de son alimentation. Par suite, les relations commerciales deviennent des relations d'hommes à hommes, et les appels à l'immigration se font dans notre pays par les Jersiais habitués à venir chez nous.

De tous ces détails sur la récolte des pommes de terre et le commerce qui s'établit entre nos ports et Jersey, nous dégagerons deux conclusions. Des rapports incessants familiarisent nos bretons avec l'idée de s'établir là-bas, quelques-uns s'y fixent et leur nombre se multiplie sans cesse à raison des facilités de communication et du mouvement d'affaires qui existent entre la côte et l'île. Ces émigrés, dont les enfants seront de véritables Jersiais, sont catholiques. S'ils ne perdent pas la foi en arrivant là-bas, ils augmentent le chiffre de la communauté catholique.

Il nous reste à examiner les dangers que rencontrent leurs croyances ; les secours qu'elles trouvent, et le résultat final de ces luttes et de ces efforts.

Ce sera le second côté de notre étude rapide de Jersey.

Par là nous serons dans notre rôle de Breton et de prêtre, en envisageant la population de l'île sous l'aspect qui intéresse notre patriotisme local et notre foi.

*.

Nous avons montré le beau côté de l'émigration bretonne et expliqué comment les meilleurs émigrés deviennent fermiers. Au point de vue moral et religieux, la plupart de nos compatriotes fixés à Jersey restent meilleurs que ceux qui ont longtemps vécu dans le pays de Chartres et en Seine-et-Oise; d'autres perdent complètement la foi.

Il est facile d'en juger.

En effet, les bretons ne pouvant posséder dans l'île confient leurs économies à des notaires français qui les leur placent, et, chaque année, ils passent la mer au mois de septembre pour aller toucher leurs petits revenus. C'est ce qu'on appelle le *retour des Jersiais*. Les habitants de Plœuc le connaissent bien.

Quelques-uns finissent même par rester sur le sol natal et y apportent les bonnes méthodes de culture.

« D'autres arrivent catholiques dans l'île et apostasient aussitôt ;
« la plupart viennent de la Bretagne et sont domestiques ; l'igno-
« rance d'abord, et le manque de caractère en sont les causes ;
« ne sachant ni lire, ni écrire, connaissant à peine quelques
« bribes de catéchisme, qu'ils comprennent plus ou moins,
« timides, embarrassés ils ont à subir à chaque instant l'attaque,
« les critiques ou les railleries de leurs maîtres ou de leurs maî-
« tresses, ainsi que des protestants avec qui ils doivent travailler ;
« la résistance d'abord généreuse, faiblit peu à peu ; le doute
« naît dans leur esprit ; ils sont conduits au temple, ils désertent
« la chapelle catholique, et tombent enfin dans l'indifférence, ou
« bien ouvertement embrassent l'hérésie.

« A l'influence des maîtres et des maîtresses qui ont pour eux
« l'argent, l'extérieur, plus encore que la réalité de l'éducation et
« de l'instruction viennent se joindre les entraves qu'ils appor-
« tent à la pratique de la religion catholique ; à peine permet-
« tent-ils une fois par mois à leurs domestiques d'aller à la
« chapelle, et encore, dans ce cas, ces derniers ont-ils à supporter
« toutes sortes d'ennuis.

« Quand je voulais venir à l'église catholique, disait l'un d'eux,

« il y avait toujours de l'ouvrage pressé ; on était de mauvaise
« humeur, mille difficultés m'étaient faites : mais si je deman-
« dais à aller à la protestante, aussitôt ils me donnaient la per-
« mission, me faisaient bonne mine et se chargeaient de mon
« travail..... »

« Certains (bretons) n'ont pas honte pour quelques sous ou
« quelques bons de pain, d'assister au prêche ou de se ranger
« parmi les salutistes en pleine rue ou en plein champ ; et ce sont
« surtout des bretons bretonnant ; leur ignorance de la langue
« française ne les garde donc pas de ces déplorables défaillances.

« Il y a en outre dans l'île bien des causes d'apostasie : et
« d'abord la grande facilité avec laquelle se contracte, chez les
« protestants, le mariage.....

« Ainsi un jeune homme est-il majeur, c'est-à-dire a-t-il vingt
« ans, et la jeune fille vingt et un ans, ils se présentent au
« ministre et déclarent qu'ils veulent s'unir ; le ministre enre-
« gistre leur déclaration et c'est fait ; pas de publication, pas de
« consentement des parents, sauf pour les mineurs ; la seule for-
« malité de l'affichage est demandée et encore !

« Les Français usent trop souvent de ce moyen, pour éviter les
« lenteurs, les correspondances et les formalités nécessitées par
« le mariage catholique..... »

« Les mariages mixtes sont encore une cause de démoralisation
« et de désertion ; la partie hérétique n'est jamais entraînée à
« l'église catholique, mais la partie catholique, si elle ne reste pas
« dans l'indifférence, va au temple et fait élever ses enfants dans
« la religion protestante (1). »

.*.

Deux demeures sont nécessaires au breton émigré pour conserver la foi : l'école et l'église. Parlons de l'école.

Le jour où nous quittions de Jersey, un père de famille compa-
raissait devant la justice pour un délit prévu par la loi française
elle-même, mais inexécutable encore dans notre pays. Son fils

(1) *Histoire Religieuse de l'Ile de Jersey* par le Baron E. de Demuin,
p. 215 et 216.

avait manqué d'assiduité à suivre une école primaire ; l'inspecteur des écoles l'avait dénoncé.

A quoi sera-t-il condamné ? avons-nous demandé. — C'est un Français, il sera immédiatement rapatrié en France, avec défense formelle de revenir dans le pays.

Chez nous, malgré toutes les atteintes portées aux droits des pères de famille, les pédagogues et les passionnés de la pédagogie n'en sont pas encore venus à ce point d'aberration. L'instituteur, quoi qu'on fasse, n'est que le mandataire des parents, et s'il plaît aux parents de former leur enfant à leur guise, ils n'en doivent de compte qu'à Dieu. L'État peut collaborer avec le père et la mère dans leur œuvre, les aider à bien remplir leurs devoirs d'éducateurs, mais il n'a pas le droit de se substituer à eux.

Ce simple fait, que nous avons tenu à relever, montre l'importance des écoles dans l'île de Jersey. La plupart sont protestantes et beaucoup de parents catholiques sont réduits à y envoyer leurs enfants. Le résultat inévitable est que l'enfant devient protestant.

La grande question religieuse qui s'agite dans l'île repose donc en partie sur le terrain des écoles, comme en France. Si des instituteurs catholiques étaient établis partout où il y a un groupement sérieux de catholiques, nous ne verrions pas les lamentables apostasies qui se produisent parfois parmi nos bretons.

Les écoles protestantes sont d'autant plus dangereuses que le principal enseignement y est celui de la Bible. Une heure et demie par jour est consacrée à cette étude. Tous les samedis, le Révérend Ministre Protestant interroge les enfants dans les classes pour contrôler l'enseignement et donner de l'émulation aux élèves. C'est, en effet, le rôle du pasteur de veiller à la diffusion de la doctrine, et c'est en vertu de ce principe que Monseigneur l'Évêque du diocèse de Saint-Brieuc encourage MM. les Curés et Recteurs à visiter fréquemment les écoles chrétiennes qu'ils ont fondées, pour interroger les élèves sur le catéchisme et les autres matières.

L'usage du bâton est resté en vigueur dans l'île de Jersey comme dans toute l'Angleterre. Il est très heureux que nous n'imitions pas nos voisins sur ce point. S'il est bon que les parents usent des châtiments corporels, c'est parce que leur affection paternelle saura presque toujours les arrêter à la limite de l'abus. Le bâton est dangereux entre les mains de l'instituteur, comme tout ce qui est susceptible de porter atteinte à la santé de l'enfant : *pains secs* fréquents, *arrêts* prolongés aux récréations. N'envions pas à nos voisins le fouet qui a révolté tant de natures dans le passé : le maître a d'autres moyens à sa disposition pour maintenir la discipline et obtenir le respect.

Il existe, heureusement, à Jersey, des écoles chrétiennes. Les Sœurs de Saint-André de Louvain s'occupent des petites filles : elles ont des maisons à Saint-Hélier, à Saint-Matthieu et à Saint-Martin. La classe se fait en français ; mais il y a toujours un professeur d'anglais, car la connaissance de la langue des maîtres du pays est nécessaire dans les relations commerciales.

Les écoles catholiques, comme les églises, ne sont pas assez nombreuses. Les prêtres des paroisses qui fournissent des émigrés se fixant à Jersey remarquent, quand ils les voient de passage à leur pays d'origine, qu'ils ont pris sur certains points l'esprit protestant et mélangent les prières anglicanes aux prières catholiques.

Nous avons recueilli cette remarque de la bouche d'un prêtre de Plœuc. Elle est tristement vraie et confirmée par un historien de Jersey.

« La grande douleur pour le prêtre, c'est de voir l'abandon de notre sainte religion par ceux mêmes qui devraient lui rester fidèle, en Jersey, même plus qu'ailleurs ; avant la construction de l'église et des écoles de Saint-Matthieu, des familles de catholiques devenaient protestantes ; éloignées de huit ou neuf kilomètres de la mission de Saint-Thomas, elles allaient au temple le plus voisin ; les enfants, baptisés par le ministre protestant, instruits à l'école protestante, restaient protestants, même quand le père et la mère revenaient à la foi de leur baptême (1). »

Toutes ces considérations aboutissent toujours à la même conclusion. « Il a été beaucoup fait à Jersey pour les écoles, il y a encore beaucoup à faire. »

L'école des garçons est établie à Saint-Hélier près de l'église Saint-Thomas, dans une maison appelée Berry-House. Ce fut la demeure du duc de Berry, vers la fin du premier empire. Le Prince

---

(1) Histoire religieuse de l'Ile de Jersey, par le baron E. de Demuin, p. 214.

a laissé une trace de son passage en plantant un chêne qui a grandi depuis et s'est transformé en arbre vigoureux à la large ramure. Ce chêne, historique aujourd'hui, n'est plus dans l'alignement de la rue. En France, avec cet amour de la ligne droite qui nous a été infusé avec le sang, et ce culte des décisions bureaucratiques, qui est notre caractéristique, il y a beau temps qu'il eut été abattu à coups de hache ou scié au harpon. Les Jersiais le respectent et donnent une entorse à l'alignement pour le conserver.

L'assiduité aux écoles est très grande. Plusieurs fois par semaine, un inspecteur, chargé de surveiller les présences, passe dans chaque classe, catholique ou protestante, et fait l'appel. Les instituteurs ne s'en plaignent pas, mais, en prenant la chose de plus haut, il y a là, comme nous l'avons expliqué, un empiètement de l'État sur les droits des parents.

En revanche la loi anglaise est beaucoup plus religieuse et plus large que la loi française. Chez nous, l'école est devenue entre les mains des sectaires un instrument de déchristianisation ; elle est même un moyen d'action politique. C'est que la Révolution a faussé chez nous la notion de la liberté. Là bas l'école est confessionnelle, car les anglais, gens pratiques, savent très bien qu'une école neutre est athée ; puisque l'indifférence est la négation même de la foi. Le zèle des ministres protestants pour visiter les écoles et contrôler l'enseignement de l'instituteur en est une preuve ; la part, très large accordée chaque jour à la Bible en est une confirmation éclatante. Aussi profitant de la liberté, les catholiques essaient de faire mieux encore.

Au moment où nous écrivons ces pages, nous apprenons qu'un changement vient de se faire dans le personnel enseignant de l'île, par suite du départ des Frères du Bienheureux de la Salle qui ont réalisé, dans l'école de Berry-House, un bien incalculable, parmi les enfants catholiques de la ville de Saint-Hélier. Avec un zèle inspiré par l'esprit profondément religieux qui caractérise cet Institut à la formation si forte, ils ont collaboré à l'apostolat des RR. PP. Oblats de Marie-Immaculée, dans la capitale de l'île. Voici les causes de ce changement.

Depuis leur établissement, plusieurs missions ont été fondées dans la campagne et des écoles catholiques ont été bâties à l'ombre des églises. Malheureusement, les Frères du bienheureux de la Salle ne peuvent aller moins de trois dans une maison et les missions ne sont pas assez riches pour entretenir tant d'instituteurs. Aussi, pour ne pas arrêter le développement de l'enseignement catholique, ont-ils décidé de quitter l'île pour laisser place aux Frères de la Mennais, fondés surtout pour les petites écoles.

Bientôt ces nouveaux et saints éducateurs auront cinq maisons : Saint-Hélier, Saint-Matthieu, Saint-Jean, Saint-Martin, Grouville. La Providence les prédestinait à cette mission, car des souvenirs précieux attachaient l'Institut de Ploërmel à l'île de Jersey.

Dans une notice sur l'abbé Carron, le guide et l'ami de M. de la Mennais qui a annoté cette brochure, publiée en 1821, nous lisons à la page 4 :

« M. Carron refusa le serment, fut emprisonné à Rennes après le
« 10 août 1792, et déporté à Jersey le 14 septembre de la même
« année, avec près de trois cents prêtres et religieux. Il trouva
« cette île remplie de fugitifs qui y arrivaient de la Bretagne, de
« la Normandie, du Maine et même d'autres provinces. Son pre-
« mier soin fut d'établir une chapelle. *En 1793, il ouvrit deux*
« *écoles pour les enfants des émigrés ; il prenait lui-même*
« *soin des garçons*, et s'associa un ecclésiastique qui apprenait,
« aux plus petits, à lire et à écrire ; les filles étaient confiées à
« des dames..... »

Ne sont-ce pas là les deux premières écoles *catholiques* de l'île, depuis l'invasion du protestantisme ? De plus, c'est le 12 mars 1792 que M. Deshayes, le collaborateur de M. de la Mennais, a été ordonné prêtre à *Jersey*, par Mgr Le Mintier, dernier évêque de Tréguier.

N'est-ce pas à Jersey, enfin, que voulait accompagner son évêque, M. de la Mennais, lorsque, le 14 avril 1790, une commission municipale signifia officiellement à l'évêque de Saint-Malo l'ordre absolu de cesser le soir même ses fonctions (1) ?

Le personnel sera fourni par la province Saint-Yves, — diocèses de Saint-Brieuc et de Quimper — parce que les frères de ces deux diocèses connaissent mieux les bretons qui forment le plus grand contingent de catholiques, dans l'île de Jersey.

---

(1) *La Cathédrale et l'ancien diocèse de Saint-Malo*, page 200, et *Un ami de l'Enfance au XIXe siècle*, page 13.

L'urgence d'institutions nombreuses est manifeste : une lettre que nous recevons de notre dévoué compatriote, le R. P. Le Vacon, nous confirme puissamment dans cette pensée.

*	*	*

Il y a deux sortes de bretons dans l'île, ceux qui restent catholiques et sont le fondement des paroisses ; ceux qui apostasient lâchement par ignorance, disent les uns, par timidité et absence d'initiative, disent les autres.

Ces derniers semblent être malheureusement trop nombreux, et les espérances que nous avons formulées dans les premières pages de cette brochure sont mêlées de craintes sérieuses.

En nos compatriotes, nous voyons un contingent puissant pour la communauté catholique de l'île, nous trouvons aussi des victimes de l'hérésie.

Beaucoup d'œuvres s'imposent pour entraver ce mal ; mais l'école est la première.

En attendant que d'autres moyens de préservation soient créés, il serait intéressant de bien déterminer les noms des paroisses qui fournissent des émigrants, et, vers l'époque qui précède le départ, les Curés et Recteurs de nos paroisses bretonnes pourraient consacrer plusieurs prônes à prémunir leurs ouailles contre les dangers qui les attendent.

Pour combattre le mal, il est nécessaire de le connaître. C'est pourquoi nous nous permettons de publier les documents suivants.

Ils nous amèneront immédiatement à l'étude des missions, c'est-à-dire des églises où les Pères Oblats assurent le service catholique. Aucun prélude ne nous paraît meilleur pour montrer combien il importe aux catholiques de France de s'intéresser à ces fondations incessantes qui se font sur le territoire de Jersey.

Partout où le breton rencontrera une église et des prêtres, il sera sûr de trouver une protection contre le mal immense de l'apostasie. Ces renseignements nouveaux qui nous sont parvenus, au moment où nous avions déjà imprimé notre première feuille sur la situation des bretons à Jersey, nous serviront de transition naturelle entre l'école, où s'abrite la foi de l'enfant, et l'église, où se garde la foi de l'homme.

Comparant l'organisation protestante avec les œuvres catholiques, nous verrons à la fois ce qui a été fait et ce qui reste à faire.

L'indifférence n'est plus une arme suffisante, et la Bretagne se doit à elle-même d'aider à la conservation de la fidélité de ses émigrés aux traditions de leur pa'rie.

L'émigration ne saurait être arrêtée et toutes nos plaintes seront inutiles. Notre rôle est d'endiguer le courant.

La connaissance du mal fera découvrir le remède.

La lettre du P. Le Vacon est accompagnée d'un article du *Jersey Times* qui mérite d'être lu attentivement par tous les pasteurs dont les brebis vont à Jersey pour s'y fixer à demeure.

L'importance de ces deux pièces n'échappera à personne.

« Saint-Thomas — 17 Val Plaisant,
Saint-Hélier (Jersey), 30 juillet 1890.

« Cher Monsieur le Chanoine,

« J'ai été très heureux de vous voir à Jersey où vous n'avez fait qu'une rapide apparition. C'est toutefois ce court séjour qui me fait vous adresser le compte-rendu de la dernière réunion des Bretons par les Protestants et aussi des prédications faites en plein air, ou dans des Halls ou Temples, pour s'efforcer de les détourner de leurs devoirs de catholiques, ou au moins faire naître des doutes dans leurs âmes, et les mettre en suspicion contre leur clergé.

« Deux évangélistes de Trémel, si je ne me trompe, MM. Guillou et Le Coat, rassemblent nos compatriotes, leur prêchent dans les rues, leur distribuent des livres, Bibles, etc., en breton et en français, se multiplient auprès d'eux, et, profitant de l'isolement où ils se trouvent, loin de leur paroisse, les entraînent à leur suite.

« Un certain nombre résistent et viennent à la messe que nous avons établie à 10 heures dans notre église de Saint-Thomas, mais le grand nombre, par timidité, par respect humain ou par intérêt, suit les apôtres de l'hérésie.

« Il y a là un mal fort notable qui semble s'accentuer chaque année et contre lequel nous sommes presque impuissants : à MM. Guillou et Le Coat s'unissent des personnages très influents de l'île. Par la somme dépensée, pendant ces six semaines environ, vous jugerez ainsi des ressources employées contre nos compatriotes ; cette somme s'élève à 56^l 9^s 11^d, c'est-à-dire, à 1412 fr. 35 et ils ont en caisse 20^l 17^s 10 = 522 fr. 25. L'année prochaine ils ont l'intention de bâtir un abri où se rendront nos compatriotes sans travail. L'idée est certainement en soi excellente, mais elle n'est conçue que dans le but d'exercer une influence désastreuse sur nos chers bretons.

« Devant ce péril où se trouvent leurs brebis, les pasteurs ne doivent-ils pas les prémunir contre le danger et s'efforcer, de tout leur pouvoir, de les détourner de venir travailler et se fixer dans un pays où leur foi court un si grand danger. Chez lui le breton est presque invulnérable ; en dehors de la Bretagne, il perd, d'une façon étrange, sa fermeté native pour devenir trop souvent la proie de l'impiété ou de l'erreur.

« C. LE VACON.
O. M. I. »

Voici le compte-rendu *protestant* des œuvres *protestantes* à Jersey :

« Une réunion d'amis et de souscripteurs de la Mission bretonne de Jersey eut lieu hier soir dans les écoles de Grove-place, sous la présidence du Col. P. D. Marett, R. A., vice-président, qui est toujours disposé à concourir à toutes les bonnes œuvres. La salle était très bien remplie.

Une hymne ayant été chantée, M. I. P. commença la prière. M. W. F. lut ensuite le rapport général dont voici la traduction.

Mission bretonne de Jersey. — *Rapport du Comité de 1896.*

La Mission bretonne établie à Jersey en 1887 a depuis son existence trouvé de nouveaux amis et des souscripteurs chaque année, et pendant ce temps, ceux qui se sont dévoués à cette œuvre, ont vu arriver parmi eux, beaucoup de Bretons de type varié. Aux jeunes et aux vieux la Parole a été prêchée et distribuée, et c'est avec joie que nous annonçons qu'elle a été reçue dans certains cœurs.

Cette année-ci, on ne nous demande pas seulement le sommaire de la saison d'été, car votre Comité a jugé qu'il était sage, à la fin de la saison d'été de 1895, de continuer les réunions tous les dimanches après-midi dans le Albany-Hall. Ces réunions ont été une source d'encouragement pour tous ceux qui y ont assisté. On eût été content d'y voir, même, plus de familles françaises représentées, au moins tous ceux qui s'y trouvaient ont entendu l'Evangile dans sa pureté. Dans le but d'encourager les amis français à se rendre aux réunions, on a accepté les services de Mme Griffon. Elle fait des visites hebdomadaires dans les familles bretonnes et françaises ; et au moyen de cartes d'invitation imprimées à cet effet, elle a été reçue dans plusieurs maisons. Elle converse avec ces gens, et en les quittant, elle leur laisse des cartes qui contiennent des détails sur les matières traitées dans les réunions.

L'hiver dernier, le Comité prit aussitôt ses mesures pour l'organisation de la saison d'été. M. Jean B. Guillou fut de nouveau invité à faire la traversée pour venir aider à évangéliser ses concitoyens. Les réunions en plein air dans les quartiers français s'ouvrirent le dimanche 10 mai ; ce fut comme les années précédentes, à 10 heures le matin et à 2 heures 15 l'après-midi. La raison pour laquelle on fait les réunions dans ces locaux, la nécessité de montrer aux foules qui s'assemblent là tous les dimanches, que leurs amis Jersiais ont leur bonheur à cœur. Cependant, même ayant ce motif en vue, ils doivent établir que des personnes évidemment opposées à leur œuvre, s'y sont présentées pour tâcher de provoquer de la controverse. En dépit de ces efforts, ils n'ont pas cessé leurs travaux, se rappelant cette promesse, que s'ils sont fidèles, le Maître leur accordera son aide.

« Comme il était impossible de parler longuement dans ce lieu, le matin, ils invitèrent ceux qui le désiraient à se rendre avec eux au service, à la chapelle de Grove-place, et l'un des dimanches, ils les ont invités au service de la chapelle de Halkett-place. A leurs réunions dans le Hall l'après-midi, ils étaient heureux de voir leurs frères et sœurs ainsi assemblés pour entendre la parole de Dieu. Là, ils eurent le privilège de jouir de la présence du Pasteur Marc Ami, qui depuis son arrivée à Jersey a toujours montré de la sympathie pour cette mission, et qui a chaque fois un mot à propos à dire aux laboureurs. Col. Marett continue aussi à s'intéresser aux réunions, par sa présence et ses conseils. Ils ont aussi commencé à tenir des meetings dans la salle d'assemblée à Saint-Aubin, et le Révérend de Quetteville a pris des mesures pour se procurer de nouveau cette salle cette année, et le service présidé par un des membres du comité y a eu lieu à 6 h. 30 le soir, quelques frères et sœurs y assistent. Le nombre des laboureurs qui s'y trouvent prouve que la localité convient pour un semblable service.

Des réunions à la campagne ont eu lieu aussi comme suit : Le 31 mai, à Mont-Mado, eut lieu un nombreux et encourageant meeting, sous la direction de M. C. Pallot. Le 7 juin, à Saint-Ouen, eut lieu un meeting dans la vieille chapelle, à cause de la pluie qui empêcha quelques personnes de sortir ; ils allèrent au Marais, où ils trouvèrent 40 laboureurs ; sur l'invitation des administrateurs de la chapelle, ils retournèrent à la chapelle, et étant assis pendant l'audience, ils furent à même de mieux écouter. Le 14 juin, à Six-Rues, le R. Duval présida un service aussi nombreux que les autres années.

Le 21 juin, à Saint-Martin, le meeting était joliment nombreux.

Le 28 juin, le dernier eut lieu à Saint-Jean près de Sion-Chapelle, où M. Luce et le Pasteur Van-der-Beken, parlèrent à la foule qui les entourait, du sérieux de la vie et de l'importance de l'éternité.

Alors Guillou démontra l'importance de se rendre auprès des laboureurs sur la Jetée avant leur départ pour la France, et de profiter de ce dernier meeting pour leur adresser quelques paroles d'adieu, et de leur donner, d'après leur condition, soit une bible, soit un Testament. Ils étaient heureux d'entendre plusieurs de ces personnes leur dire, combien ils appréciaient les livres qu'ils avaient reçus dans le passé, et la peine qu'ils éprouvaient en apprenant les persécutions que leur faisaient subir ceux qui cherchaient à les aveugler ; qu'ils prieraient Celui qui peut tout ce qu'Il veut, d'éclairer ces cœurs encore dans une si grande ignorance, afin que sa lumière y produise un changement complet.

Ils ont distribué pendant la saison d'été 400 Nouveaux Testaments en langue bretonne, 70 Nouveaux Testaments en langue française, 20 Bibles en langue française, 200 Evangiles en langue bretonne, 1000 Evangiles en Français, 100 copies du « Voyage du Chrétien, » 375 tracts en breton, 2500 tracts en français, et 300 tracts « Tel que je suis. »

Le comité était composé comme suit : — Président Rév. C. H. Bishop ; Vice-Président, Col. P. D. Marett ; Trésorier, M. C. Pallot ; Secrétaire M. W. F. Filleul ; Comité, MM. D. Gavey, P. Huelin, P. De la Perrelle, I. Le Gros, I. Picoron, F. Grandin, W. De la Perrelle, P. N. Gallichan, I. Le Duc, F. Vardon, E. Quérée, et W. Bisson.

Le Comité ne peut pas laisser passer cette occasion sans exprimer son regret de voir le Rév. Bishop les quitter, pour une autre sphère de travail, car ils savent qu'il a toujours porté de l'intérêt à cette Mission, et ils lui souhaitaient beaucoup d'années de prospérité spirituelle.

Le Comité a aussi exprimé ses remerciements, à tous ceux qui les ont aidés, dans leurs intéressantes réunions, par le chant.

Il a remercié la Société Biblique pour le don de livres de la Sainte-Ecriture, la Société de musique de Grove-place, pour l'usage de l'orgue et pour ceux qui l'ont joué ; le Rév. de Quetteville, pour la Salle où ils ont tenu leurs meetings ; MM. Le Quesne pour un site où ils ont placé leur chairs ; M. Le Sueur pour ses services si utiles à leurs meetings en plein air ; un ami, pour le don de 300 livres intitulés : « Tel que je suis » ; et tous ceux qui ont contribué par leurs dons à la stabilité d'une mission qui, d'année en année devient plus importante.

M. Ch. Pallot (Trés.) présenta ensuite le rapport financier. Le montant recueilli pendant la saison est de 51^l 13^s ; qui avec la balance de l'an dernier de 24^l 8^s 6^d, et de différentes autres contributions, monte à 77^l 7^s 9^d. Les dépenses s'élèvent à 56^l 9^s 11^d, laissant ainsi une balance favorable de 20^l 17^s 10^d.

Une hymne ayant été chantée, le Président fit un court mais intéressant discours. Il loua chaleureusement M. I. H. Guillou, l'Evangéliste, pour sa fervente œuvre ; ajoutant que les autorités devraient pourvoir à ce que les bretons eussent un logement convenable pour s'y rendre à leur arrivée et y rester, jusqu'à ce qu'ils trouvent de l'ouvrage, et aussi pour y retourner à leur départ, de cette manière, ils ne seraient pas réduits à passer des jours et des nuits sur la jetée. Heureusement, le temps était beau cette année, de sorte que ces pauvres gens n'ont peut-être pas souffert de leur logement en plein air. Néanmoins, on devrait remédier promptement à un tel état de choses.

Après le chant d'une hymne, le Rév. Marc Ami fit un discours à l'assemblée. Il leur dit qu'il éprouvait beaucoup de plaisir de voir une si nombreuse assistance ; qu'il s'était rarement trouvé à une réunion missionnaire si bien suivie, ou entendu un rapport qui prouve qu'on a tant réalisé pour la petite somme de 50ˡ. Il était très reconnaissant envers Dieu qui avait mis dans les cœurs des Jersiais, la pensée d'établir une mission pour les pauvres bretons. Etant français lui-même, il prenait, naturellement, beaucoup d'intérêt à cette œuvre, et il ferait tout ce qui est en son pouvoir, pour lui prêter son aide en tout temps. Il considérait comme un honneur de concourir à une si glorieuse entreprise. Il y avait de grands obstacles pour les bretons à cause de la manière dont on leur prêche dans leur propre pays ; il faut donc qu'ils profitent de l'occasion pour élever leurs cœurs pendant qu'ils sont ici.

Une nouvelle hymne ayant été chantée, M. Guillou (l'Evangéliste) fit un très intéressant récit de ses travaux, tant ici qu'en Bretagne. Il se disait reconnaissant de ce qu'il se sentait beaucoup plus fort qu'à son arrivée. Il avait été fort encouragé dans son œuvre, et il remerciait tous ceux qui lui avaient prêté leur concours. Les paroles de l'évangéliste étaient écoutées avec une attention marquée et un intérêt évident, quoiqu'il admit lui-même, qu'il avait une difficulté réelle à exprimer convenablement ses pensées en français.

La dernière hymne ayant été chantée, la bénédiction fut prononcée par le Rév. Ami.

Nous pourrions ajouter que M. Guillou a quitté Jersey ce matin, par le vapeur de Saint-Malo. »

Nous dégagerons de cet article deux conclusions.

S'il est difficile ou impossible d'arrêter le mouvement d'émigration, comme le demande le P. Le Vacon, il est possible de prémunir les émigrants contre les dangers qui les attendent, soit au point de vue moral, soit au point de vue religieux.

Nous le redisons avec insistance : ces pages sur Jersey ont précisément pour but de donner des renseignements à ceux de nos confrères qui voient quelques-uns de leurs paroissiens prendre le chemin de mer pour aller dans les îles anglo-normandes.

Leur inspirer une grande horreur de l'apostasie, une profonde répugnance pour l'hérésie, et surtout leur montrer leur faiblesse de caractère et leur coupable timidité, tel est le meilleur remède.

Le breton n'a pas assez confiance en lui, et il se laisse croire naïvement qu'il est un être inférieur à ces orgueilleux protestants qui le trompent et qui l'oppriment.

***

L'école ne suffit donc pas pour assurer la conservation de la foi dans les familles. Le véritable centre de la vie chrétienne est l'église, la paroisse, ou, pour parler le langage Jersiais, la mission. Elle est d'autant plus nécessaire que l'organisation protestante est puissante dans l'île. A chaque instant, au cours de nos promenades à travers les chemins ombreux et sinueux, nous remarquions, derrière un bosquet, une église gothique entourée de son cimetière. Les Anglais, gens très pratiques mais religieux, n'ont pas encore trouvé que les cimetières, pleins de leçons fortifiantes pour les vivants, fussent une cause d'épidémie pour les villages. Notre culte de l'hygiène, en cette matière, pourrait bien se mêler de préjugés sectaires, ce qui n'est pas intelligent, avouons-le.

L'île de Jersey est divisée en douze paroisses. La *grande* Révolution aurait appelé cela douze communes, par crainte du cléricalisme. Elle était de cette force. Ces paroisses portent toutes des noms de saints, à l'exception de deux : Saint-Helier's, Saint-Laurence, Saint-Brelade's, Saint-Peter's, Saint-Ouen's, Saint-Mary's, Saint-John's, Trinity, Saint-Saivour's, Saint-Martin's, Grouville, Saint-Clement's. Le maire a un titre très français, mais très militaire, le connétable, élu pour trois ans ; ses pouvoirs s'étendent même à la police dont il a la responsabilité, avec le concours des autres dignitaires qui sont ses adjoints ou centeniers et des vingteniers, chargés de vingt feu. Quatre agents, nommés officiers du connétable, les secondent.

« C'est, dit M. Th. Le Cerf, un souvenir de l'organisation communale introduite dans les îles par le roi d'Angleterre, au commencement du XIV⁰ siècle. A cette époque, les paroisses, organisées militairement, avaient, à leur tête, un connétable qui commandait aux centeniers, lesquels, à leur tour, commandaient aux vingteniers. Ce connétable avait, dès lors, juridiction au civil comme au criminel. Plus tard, la création du corps des milices paroissiales ne laissa plus à ces officiers que les attributions purement municipales. »

Les enfants de nos bretons nés à Jersey pourront jouer leur rôle dans ces diverses charges publiques, car ils seront citoyens de l'île et ils s'établiront plus solidement que leurs parents qui n'y sont jamais que d'une manière très précaire et peuvent être rapatriés sous un prétexte ou sous un autre.

Quiconque, en effet, s'est vu dresser, par le connétable, un acte de délit, de vol ou autre, est renvoyé au bailli, puis jugé et condamné par la cour royale, et immédiatement renvoyé en France. Il se garde bien de se vanter du motif de son retour précipité.

Quiconque viole obstinément le dimanche, est également chassé ; car, pendant les offices, les *gardiens d'églises* parcourent les auberges et autres maisons suspectes pour veiller à ce que le jour du Seigneur ne soit point profané. En France, nous avons abandonné, depuis longtemps, cette juste sévérité et nous y verrions une tyrannie inouïe. Nos auberges et cafés se multiplient et la liberté est devenue de la licence, au grand détriment des mœurs et de l'esprit chrétien.

En face d'une si puissante organisation, le catholique est cependant fier de constater que la plus belle église de Saint-Hélier est la cathédrale des catholiques. Son clocher, à la flèche de granit, s'élève dans les airs comme une affirmation de l'élan surnaturel des âmes de notre religion, moins naturelles et moins matérielles que celle des protestants.

C'est à l'ombre de cette église, dans la résidence des Oblats, que réside le P. Le Vacon, ce prêtre distingué que nous avons été si heureux de rencontrer ; c'est là, qu'autour de lui, d'autres Pères Oblats travaillent, avec dévouement, à l'évangélisation de cette ville où l'hérésie n'a pu arrêter le courant d'une démoralisation que peut seul endiguer le catholicisme.

L'église de Saint-Thomas s'élève en un quartier de la ville qu'on appelle le Val-Plaisant.

L'architecte en est M. Franjeu' qui a construit plusieurs églises dans notre diocèse et en particulier celle de Plancoët. Elle est gothique et comprend trois nefs et un transept. Construite en granit breton, elle est par la richesse des matériaux, la beauté des détails, une magnifique église digne du nom que lui donnent les Jersiais : la cathédrale. L'intérieur est en pierre blanche de Caen. Des vitraux de Champigneule et Claudius Lavergne ornent les fenêtres.

Au fond, derrière le maître-autel, se trouve un jour céleste dans lequel on aperçoit Notre-Seigneur montrant son divin Cœur à Marguerite-Marie.

Non loin de l'église de Saint-Thomas, nous avons passé, mais sans y entrer, devant une église catholique irlandaise.

Cette mission fut autrefois assez importante.

Elle comptait cinq mille catholiques d'origine irlandaise et parlant l'anglais. Ils avaient besoin de pasteurs spéciaux, puisque le ministère se fait en français dans l'église des Pères Oblats. Aujourd'hui ils ne sont plus que 1500. L'île ne leur a pas donné le pain qu'ils y venaient chercher et de mauvaises affaires les ont acculés à la ruine et à la nécessité de chercher fortune ailleurs.

La mission catholique de *Saint-Mathieu* est actuellement en pleine prospérité. L'église quoique petite permet de donner aux cérémonies du culte l'éclat qui leur convient.

Le presbytère abrite les Pères Oblats et les Frères chargés de l'école. A côté, les Religieuses de Saint-André ont élevé une belle communauté où elles donnent l'éducation et l'instruction aux petites filles.

Les catholiques reprennent l'habitude des exercices religieux. Au début il fallait les chercher à domicile, y revenir sans se déconcerter, créer en un mot par un zèle plein de douceur des habitudes chrétiennes là où il n'y avait qu'indifférence et oubli.

Le R. P. Le Vacon a résidé longtemps dans cette paroisse et en a gardé le souvenir le plus ému. C'est avec une joie toute paternelle qu'il nous a montré ses œuvres et qu'il nous a rappelé le temps où il vivait dans le calme de cette solitude, loin des agitations de la ville.

La mission de Saint-Mathieu n'a qu'un défaut ; elle est beaucoup trop grande. Des chapelles de secours seraient nécessaires pour atteindre jusqu'aux extrémités les populations catholiques que l'éloignement écarte peu à peu de la pratique fréquente des sacrements et des devoirs religieux.

Pour les construire et surtout pour y préparer les éléments de nouvelles missions, les P. Oblats auraient besoin de beaucoup d'argent et ils ont tant à faire qu'ils ne peuvent procéder que lentement.

Il est intéressant de suivre ainsi les efforts de prêtres zélés qui lentement établissent sur une île enlevée à la foi et à l'Eglise les citadelles de la prière par où s'établira le vrai règne de Jésus-Christ.

Ces citadelles ne comprennent pas seulement l'église et le presbytère, mais l'école de garçons et l'école de filles.

Le prêtre n'avance jamais sans s'appuyer sur le Frère instituteur et sur la Religieuse vouée à l'éducation des filles.

En France, terre catholique qui devient sous l'influence de la franc-maçonnerie un pays de mission, le jour n'est pas loin où le curé ne pourra plus gouverner sa paroisse sans ce double appui. Les écoles libres se multiplient ; mais les paroisses riches en ont seules le bienfait. Si l'Etat continue à nous former des instituteurs pénétrés de dangereuses doctrines, la lutte devra porter sur ce terrain de l'école, sans relâche.

Les pères sont absents quand nous arrivons à la mission de Saint-Martin.

L'école et le presbytère se trouvent encore là près de l'église.

Elles en sont inséparables.

Ainsi grandit l'Eglise catholique à Jersey et les Protestants en sont effrayés. Ils se demandent comment cette force a surgi tout à coup auprès d'eux sur ce sol où leurs temples gothiques s'élèvent de toutes parts.

Le temps nous presse : nous partons après avoir adoré Notre-Seigneur Jésus-Christ et avoir prié la Sainte Vierge de reconquérir ce peuple qui lui a appartenu jadis.

.*.

En présence de toutes ces œuvres que la foi catholique fait surgir de terre comme une merveilleuse floraison, une question vient à l'esprit de tout homme pratique qui veut pénétrer le secret de l'organisation religieuse de l'île de Jersey. Quelles sont les ressources financières des religieux et des religieuses qui multiplient ainsi leurs œuvres ?

A Jersey, il n'y a point d'intervention officielle de l'État payant le clergé et lui imposant, en retour, une chaîne dorée. La situation y est donc tout à fait différente de celle qui existe en France. Nous recevons, du Gouvernement, une indemnité votée par une loi annuelle, alors qu'elle devrait être inscrite d'office sur le grand livre de la Dette publique comme une compensation des biens volés par la nation à l'Église. Cette indemnité qu'on nous discute, complétée par le casuel, assure ainsi la vie matérielle du prêtre. Là-bas, en dehors des modestes revenus fabriciens, les Pères Oblats ne peuvent compter que sur la charité des catholiques et, par suite, sur des ressources purement aléatoires ; car ils ne sont pas considérés comme étant en pays de missions et ne reçoivent rien de la Propagande. Cependant leurs œuvres sont multiples, puisqu'ils sont obligés de s'occuper, tout à la fois, de l'éducation et de la préservation de leurs fidèles dans un milieu protestant.

Aussi voyons-nous employer, à Jersey, comme dans toute l'Angleterre, des moyens qui nous sont totalement inconnus et qui répondent aux mœurs britanniques.

En France nous faisons des tombolas, des concerts, etc. ; à Jersey on organise un *thé*. Bien que le five-o'clock commence à entrer dans nos mœurs, surtout à Dinan, nous ne nous faisons pas encore une idée complète de la place que le thé tient dans la vie anglaise.

Le thé est la fête annuelle d'une paroisse, d'une mission ou d'une école, aussi bien dans le monde protestant que chez les catholiques.

La population entière, les écoliers surtout l'attendent avec impatience.

C'est un des grands événements de l'année.

Le jour est annoncé à l'avance par des affiches placées à l'entrée de l'église ou du temple, aux devantures des boutiques et magasins les plus en vue, parfois même collées sur les arbres qui s'élèvent le long de la grand'route. La plus grande publicité est donnée à la fête.

D'autre part, des tickets sont vendus 1 schelling, 1 fr. 25, pour ceux qui ne prennent pas part à l'excursion, 1 schelling 6 pence, 1 fr. 55, pour ceux qui prennent place dans ces longs *vans* ou voitures qui servent à transporter les pommes de terre.

Trois semaines à l'avance, l'organisateur passe dans les fermes et demande qu'on lui prête les *vans* pour le jour du thé. Il a de nombreux auxiliaires pour le placement des tickets.

Au jour et à l'heure désignés, on voit ces longues voitures déboucher de toutes parts, les unes déjà remplies, les autres à moitié vides, dans lesquelles montent des groupes joyeux.

Les enfants des écoles marchent en tête, les parents suivent. Chaque voiture a ses oriflammes, ses chanteurs ou ses chanteuses, parfois des instrumentistes. Partout c'est une joie contagieuse et toute fraternelle : une population presque entière est en voiture, heureuse et pleine d'entrain.

Au thé de Saint-Mathieu, on comptait jusqu'à 67 vans qui tenaient la route sur un parcours de plus d'un kilomètre. Trois cents enfants et plus de sept cents parents occupaient ces voitures. Le cortège se mit en marche vers 10 heures et demie, visita une partie de l'île en passant par Saint-Hélier et revint à la Mission vers 4 heures moins un quart.

Là des personnes de bonne volonté avaient préparé le thé dans les classes très bien ornées pour la circonstance. Des tables avaient été dressées, autour desquelles 167 excursionnistes purent se ranger. Du thé fumant et des gâteaux furent rapidement absorbés. Ce fut ensuite le tour des autres, jusqu'à ce que tout le monde eût été servi.

Pendant ce temps, tous les invités organisaient des jeux dans un champ voisin, sous l'œil et la présidence du chef de la mission. A la nuit tombante, sur un signal donné, les jeux cessèrent et chacun se retira content et heureux de cette fête de famille, en disant : à l'année prochaine !

Dans une grande ville comme Saint-Hélier, le thé est exclusivement réservé aux enfants des écoles. Aussi est-il plus modeste. Cette année, 200 enfants environ se sont embarqués à 2 heures après-midi dans 9 vans et se sont rendus à travers les petites routes ombreuses jusqu'à la mission de Saint-Mathieu où le thé leur a été servi. Bientôt des jeux s'organisent, tandis que des marchands de fruits et de gâteaux proposent aux joueurs leurs appétissantes friandises.

A 7 heures moins un quart du soir, tous les écoliers étaient de retour au logis.

Telle est la physionomie originale de ces fêtes de charité dont nous n'avons pas l'équivalent en France. Ces pieuses industries du zèle servent non seulement à procurer des ressources aux œuvres catholiques, mais encore à resserrer les liens de fraternité et de charité qui unissent tous les membres d'une même mission.

Tout cela n'assure pas aux prêtres catholiques la richesse, mais leur pauvreté est la cause de leur succès.

C'est une loi de l'Evangile. Depuis le jour où Notre-Seigneur a dit sur la montagne : *Beati Pauperes*..... depuis le moment où il a déclaré que le Fils de l'homme n'avait pas même une pierre sur laquelle il put reposer la tête ; la fécondité des œuvres religieuses a été étroitement liée à la pauvreté. Pendant de longues années les fondateurs d'un ordre grandissant peinent pour s'établir ; tant que leur ambition d'apôtres ne s'arrête pas dans leur œuvre de conquête, tant qu'ils ne s'endorment pas dans des situations toutes faites, ils ont vraiment l'esprit du Sauveur.

Sur notre route, nous avons rencontré une école ; les cours n'en sont pas encore bien établis ; une des classes sert de chapelle pour l'office du dimanche. Il faudrait là un presbytère, une église : la pauvreté les fera sortir de terre et, quand cette mission sera finie, les oblats demanderont d'autres merveilles encore à la sainte pauvreté.

Il y a quatre-vingts temples protestants dans les 12 paroisses de l'île. Ces jolis sanctuaires gothiques aux toits d'ardoises rosées, aux grandes verrières sans figures dans des meneaux de pierre s'élèvent au milieu de leurs cimetières où les morts dorment à l'ombre des vieux ifs ou des saules pleureurs.

Si toutes ces églises devenaient catholiques, les chrétiens ne perdraient plus la foi, faute de pouvoir pratiquer facilement leur religion. En attendant, aidons à élever en face du temple de l'erreur l'asile de la vérité. Il y a eu jadis cinquante chapelles catholiques dans l'île : qu'il s'en dresse un jour une trentaine dans un lointain avenir et la mission de Jersey sera bien montée.

*
* *

En parcourant l'île de Jersey, et en composant cette étude, nous nous sommes placés au point de vue breton et catholique ; nous avons cherché, jusque dans la situation sociale, agricole et commerciale, les conséquences religieuses qui en découlent et nous y avons trouvé tout à la fois des raisons de craindre et d'espérer.

Beaucoup de voyageurs ont passé avant nous et ont chanté l'île et ses beautés ; ils ont censuré l'excessive licence des rues de Saint-Hélier aux heures tardives ; ils ont célébré les libertés politiques de ses Etats.

A travers la confusion des sectes religieuses dont les temples couvrent le sol et se mêlent aux temples de cette religion mystérieuse qui s'appelle la franc-maçonnerie et s'affiche derrière ses portiques corinthiens, nous avons recherché seulement le grain de sénevé dont l'accroissement est le gage de l'avenir pour cette île fortunée qui acquiert la richesse matérielle, mais ne possède pas la plénitude de la vérité évangélique.

Quand d'autres viendront dans quelques années sur ce sol fécondé par l'apostolat, ils y verront de grandes choses, parce qu'ils y trouveront un peuple plus chrétien, envahissant des églises plus nombreuses et de multiples écoles, dans une contrée revenue en grande partie à la foi catholique, c'est-à-dire à la véritable religion de Notre-Seigneur Jésus-Christ.

TABLE DES MATIÈRES

PRÉFACE

	Pages
Situation économique, sociale et religieuse des bretons à Jersey...	1

I. — L'ASPECT DE L'ÎLE

Les causes de l'attraction de Jersey sur les voyageurs.............	3
Les langues parlées à Jersey.....................................	4
Les paysages de l'île..	5

II. — SITUATION MATÉRIELLE DES BRETONS

Le P. Le Vacon...	6
La soutane à Jersey..	7
Le fermier breton et son avenir..................................	8
La culture de la pomme de terre..................................	9
Les lois anglaises sur la propriété foncière.....................	10
Les bretons à la récolte des pommes de terre et des foins........	11
Les pâturages et les vergers de Jersey...........................	12
Explication, par les relations commerciales de Jersey avec nos ports bretons, de l'émigration bretonne........................	13

III. — SITUATION RELIGIEUSE DES BRETONS

Supériorité de l'émigration vers Jersey, sur l'émigration vers Paris, au point de vue religieux...................................	14
Le retour du Jersiais..	14
Causes d'apostasie...	14
La facilité des mariages et les mariages mixtes à Jersey.........	15

IV. — LES ÉCOLES CATHOLIQUES

Organisation scolaire à Jersey...................................	16
Nécessité de multiplier les écoles catholiques...................	17

	Pages
Les Sœurs de Saint-André et les Frères du Bienheureux de la Salle.	18
Les Frères de la Mennais..	19

V. — L'APOSTOLAT PROTESTANT PRÈS DES BRETONS

Nécessité de prémunir les émigrants contre les dangers qui les attendent...	20
Une lettre suggestive du P. Le Vacon..................................	21
Un article du *Jersey Times* sur la propagande protestante parmi les bretons...	22
La campagne d'hiver et la campagne d'été...........................	23
Les meetings sur la jetée d'embarquement et de débarquement....	24
Distribution de livres protestants et rapport financier de l'œuvre...	25
Rôle des pasteurs protestants bretons...................................	26

VI. — LES MISSIONS CATHOLIQUES A JERSEY

Organisation administrative et protestante de Jersey...............	27
La mission catholique de Saint-Thomas à Saint-Hélier	28
La mission catholique irlandaise..	29
Les missions catholiques de Saint-Matthieu et de Saint-Martin.....	30

VII. — LE BUDGET DES ŒUVRES CATHOLIQUES A JERSEY

Situation budgétaire des missions catholiques......................	31
La fête du thé...	32
La puissance de la pauvreté évangélique............................	33
CONCLUSION	

DÉSACIDIFIÉ
À SABLE : 1994

1096. — Saint-Brieuc. Imprimerie René Prud'homme.

www.ingramcontent.com/pod-product-compliance
Lightning Source LLC
Chambersburg PA
CBHW070711050426
42451CB00008B/589